P-Kids 2

John Kennedy

Word List

Core	
Stand up	Apple
Sit down	Bird
Come here	Cat
Turn around	Dog
Walk	Egg
Run	Fish
Jump	Gorilla
Skip	Heart
Go	Igloo
Stop	Jump rope
	Kangaroo
Take out your pencils	Lion
Put away your pencils	Moon
Open your books	Nest
Close your books	Octopus
	Peach
Make a line	Queen
Make a circle	Rabbit
Point to the board	Sun
Go to the board	Tiger
	Umbrella
	Violin
	Watch
	foX
	Yarn
	Zebra

Level 2	
A ball	Dogs
A jump rope	Cats
A yo-yo	Birds
A bicycle	Cows
A train	Rabbits
A car	Ducks
A doll	
A teddy bear	Ice-cream
	Pizza
Red	Cake
Blue	Chicken
Yellow	Milk
Brown	Fish
White	Bread
	Rice
Paper	
Scissors	Sunday
Glue	Wednesday
Paint	Thursday
Tape	Friday
	Saturday
Square	
Oval	
	10-20

Hello...

This is me...

A B C D E F G H I J K L M
N O P Q R S T U V W X Y Z

Apple

A

Circle the big As.

B G A H T Y A M P O A

A B C D E F G H I J K L M
N O P Q R S T U V W X Y Z

Bird

B

Circle the big Bs.

B G A H B Y A B P O R

Matching

G

T

C

Z

L

B

R

F

O

X

D

K

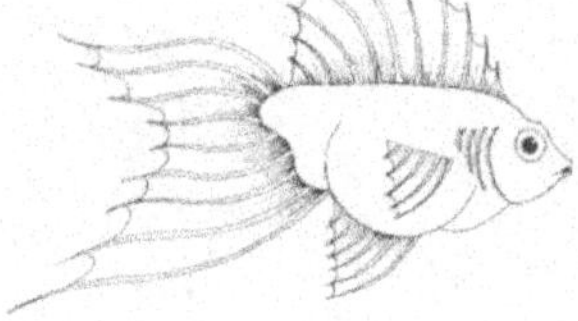

A B C D E F G H I J K L M
N O P Q R S T U V W X Y Z

C

Cat

Circle the big Cs.

C G A H C Y A B C O R

A B C D E F G H I J K L M
N O P Q R S T U V W X Y Z

D

Dog

Circle the big Ds.

C G D H D Y A D F O R

HAPPY
I Love You
Mother's day

School Stuff

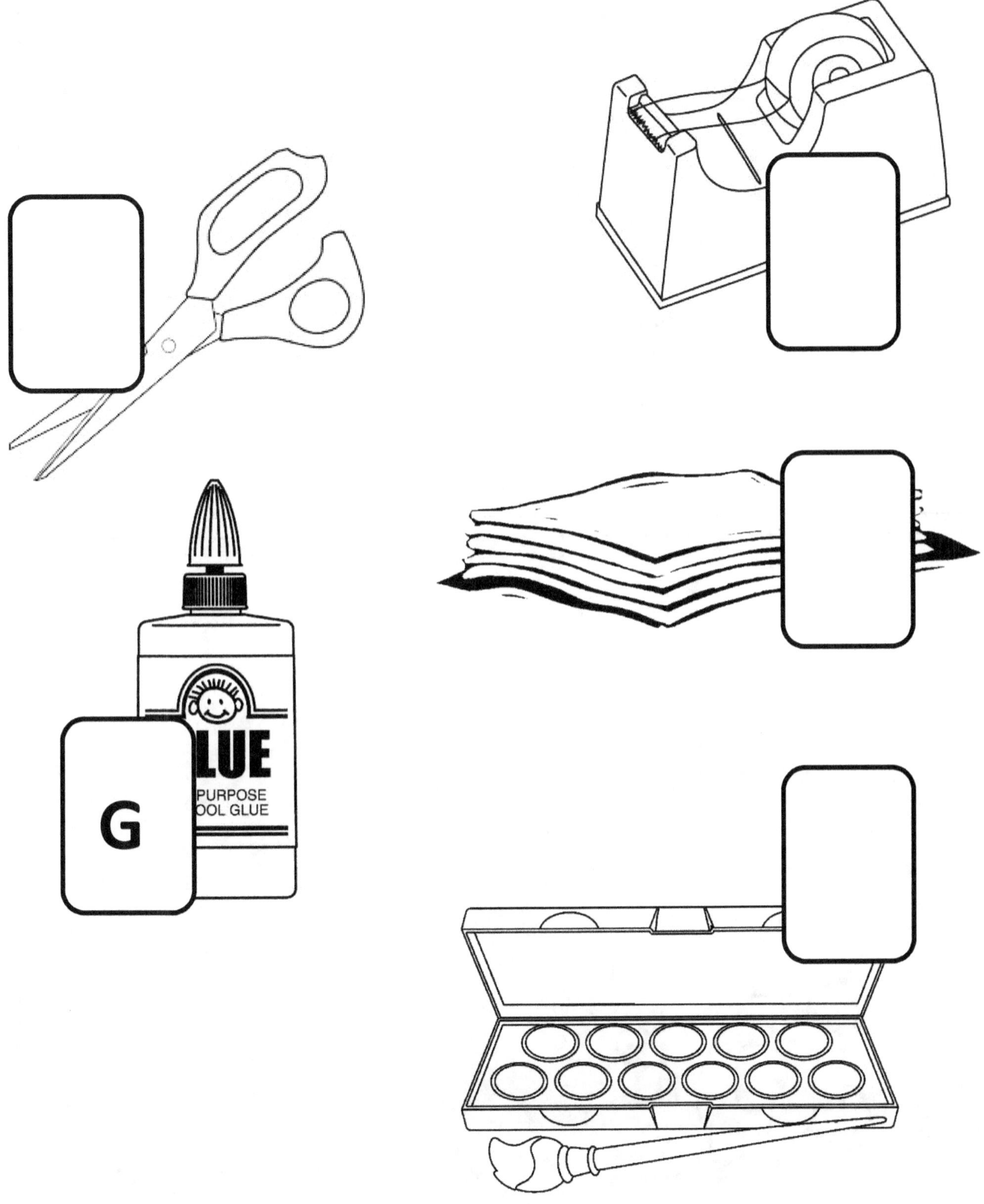

A B C D E F G H I J K L M
N O P Q R S T U V W X Y Z

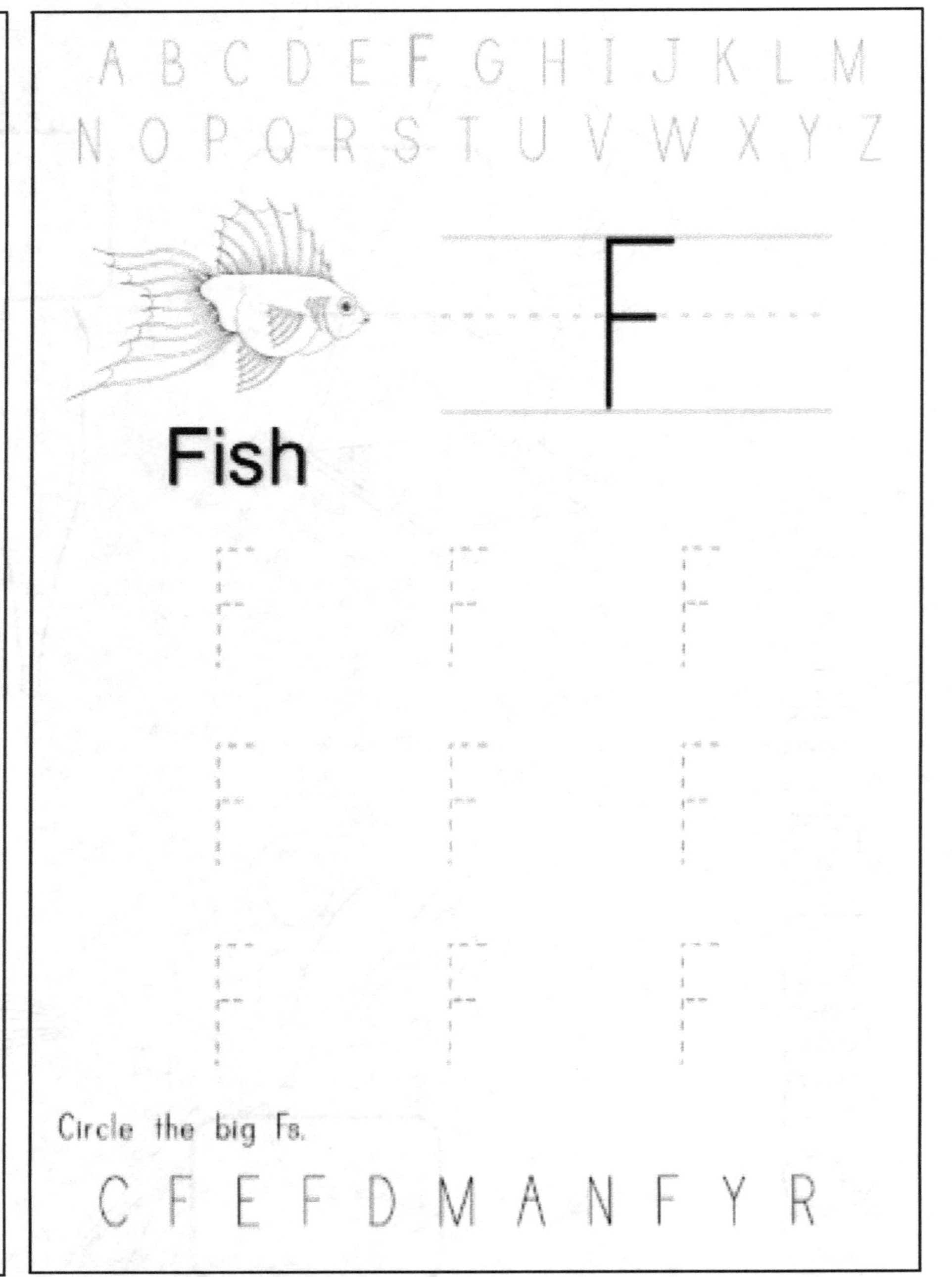

Egg

E

E E E

E E E

E E E

Circle the big Es.

C G E H D M A E F E R

A B C D E F G H I J K L M
N O P Q R S T U V W X Y Z

Fish

F

F F F

F F F

F F F

Circle the big Fs.

C F E F D M A N F Y R

I Like...

A B C D E F G H I J K L M
N O P Q R S T U V W X Y Z

Gorilla

G

Circle the big Gs.

C G E F D G A N G Y R

A B C D E F G H I J K L M
N O P Q R S T U V W X Y Z

Heart

H

Circle the big Hs.

P H E F D G H N H Y Z

Skip Count

1

1 _____ 3 _____ 5
_____ 7 _____ 9 _____
11 _____ 13 _____ 15
_____ 17 _____ 19 _____

2

2 4 _____ _____ _____
12 _____ _____ _____ 20

4

4 8 _____ _____ 20

5

_____ _____ 15 20

10

_____ _____

A B C D E F G H I J K L M
N O P Q R S T U V W X Y Z

I

Igloo

Circle the big Is.

P I E F D I H N I Y Z

A B C D E F G H I J K L M
N O P Q R S T U V W X Y Z

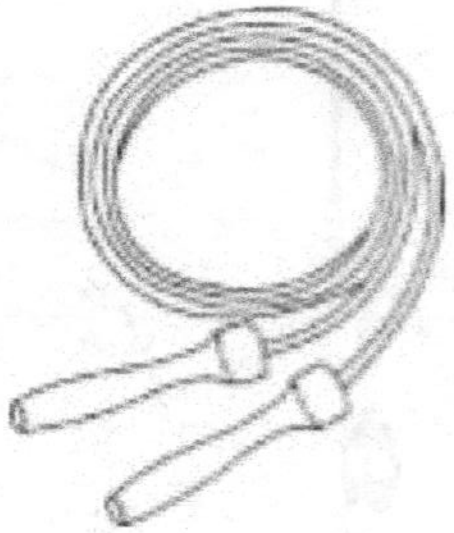

J

Jump rope

Circle the big Js.

P J E F J I H N J Y Z

THE UNITED STATES
OF AMERICA

How many stars are there? ______________

What color are the stars? ______________

How many stripes are there? ______________

What colors can you see? ______________ ______________ ______________

Math

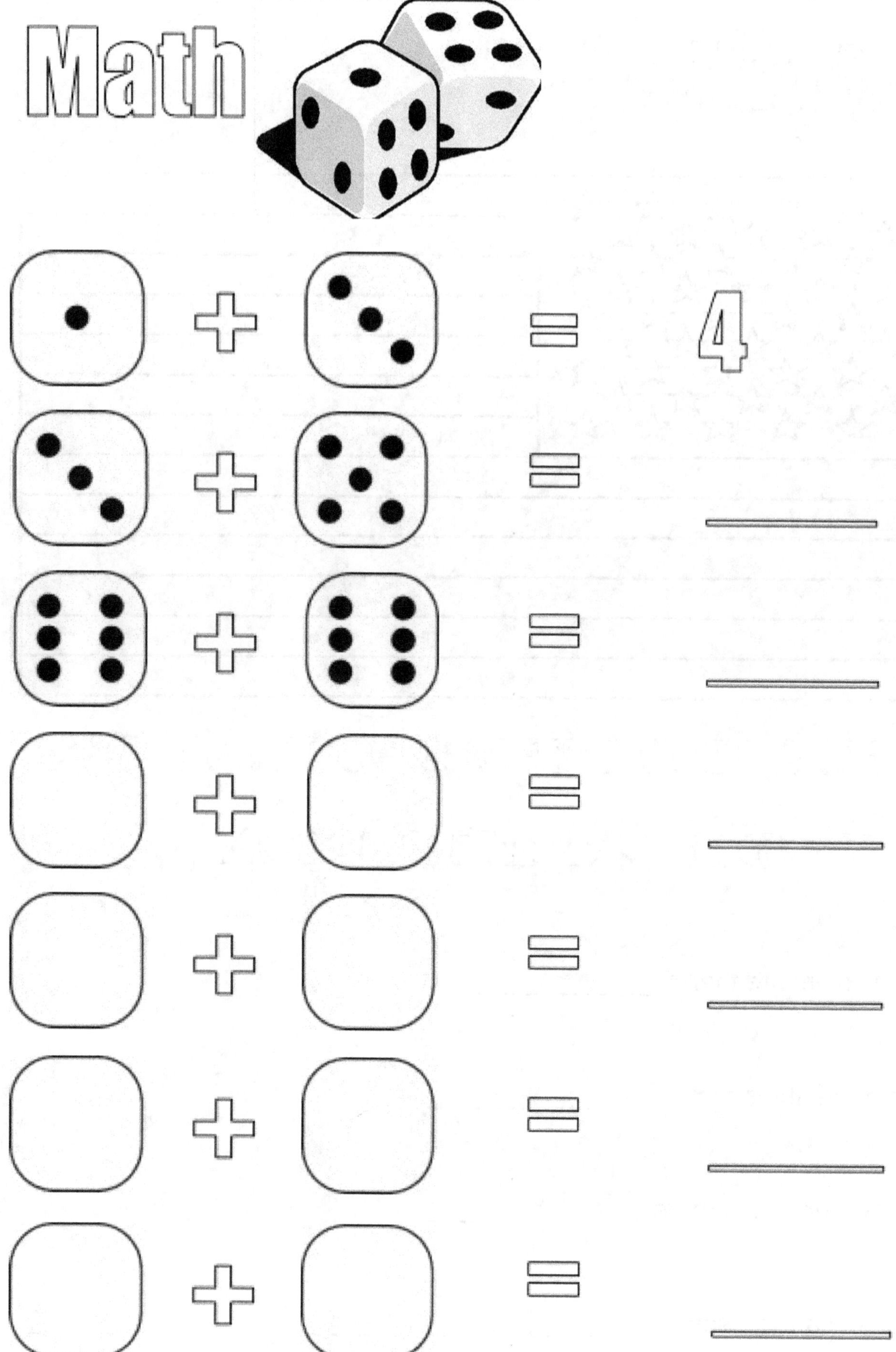

Circle the big Ls.

T L E L J K H N L Y Z

Circle the big Ks.

P K E F J K H N K Y Z

A B C D E F G H I J K L **M**
N O P Q R S T U V W X Y Z

Moon

M

M M M
M M M
M M M

Circle the big Ms.

M L E M J K S N M Y R

A B C D E F G H I J K L M
N O P Q R S T U V W X Y Z

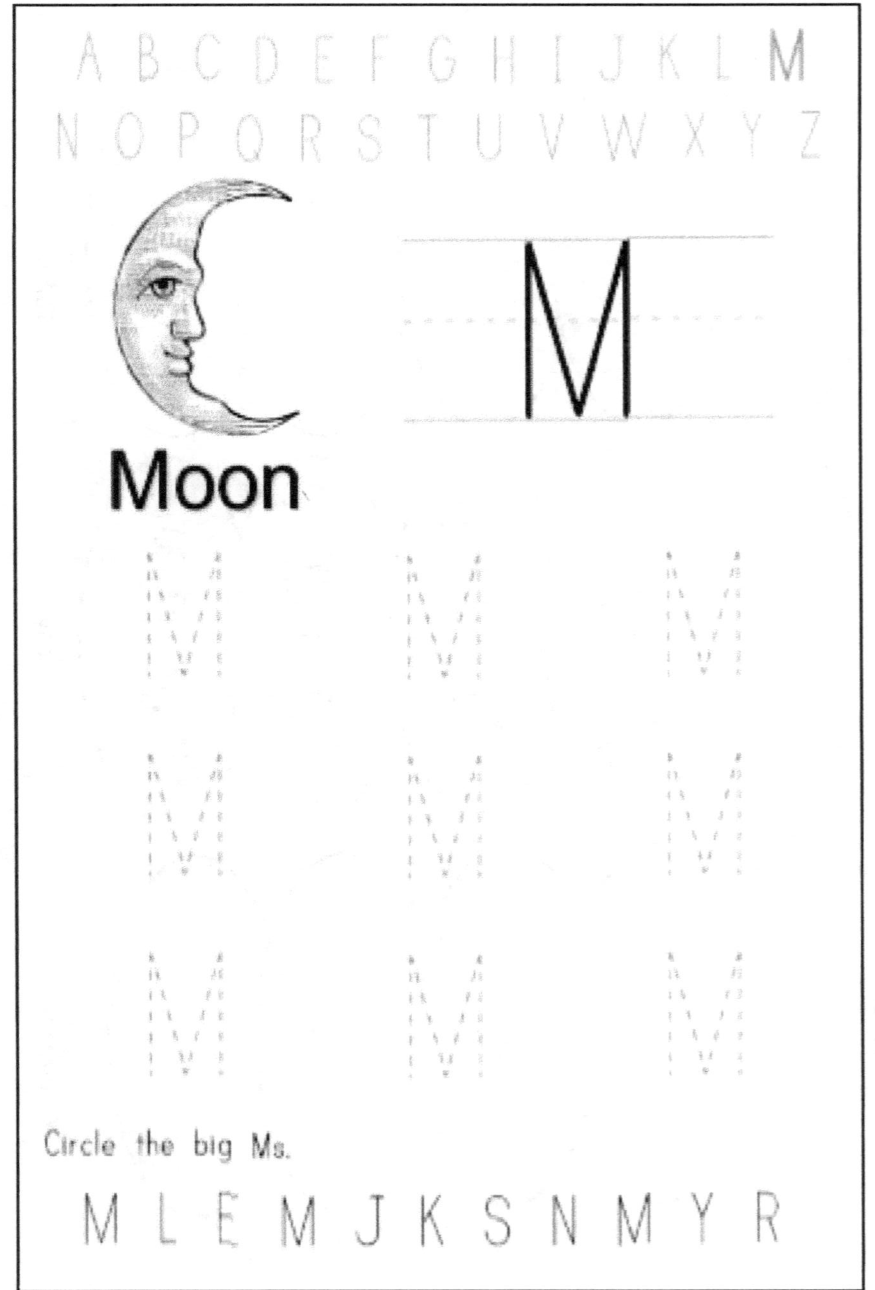

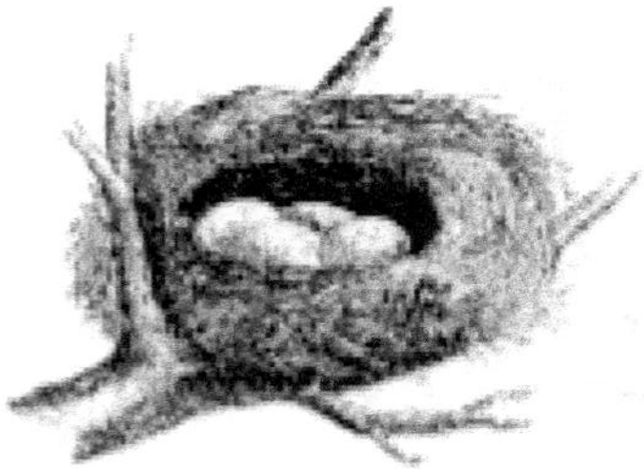

Nest

N

N N N
N N N
N N N

Circle the big Ns.

N L E N J K S N M Y R

Days of the Week

Yesterday   Today   Tomorrow

ABCDEFGHIJKLM
NOPQRSTUVWXYZ

P

Peach

Circle the big Ps.

N P E F J R P G P O B

ABCDEFGHIJKLM
NOPQRSTUVWXYZ

O

Octopus

Circle the big Os.

N O E D J O S G C O R

Monster Maze

What is it ?

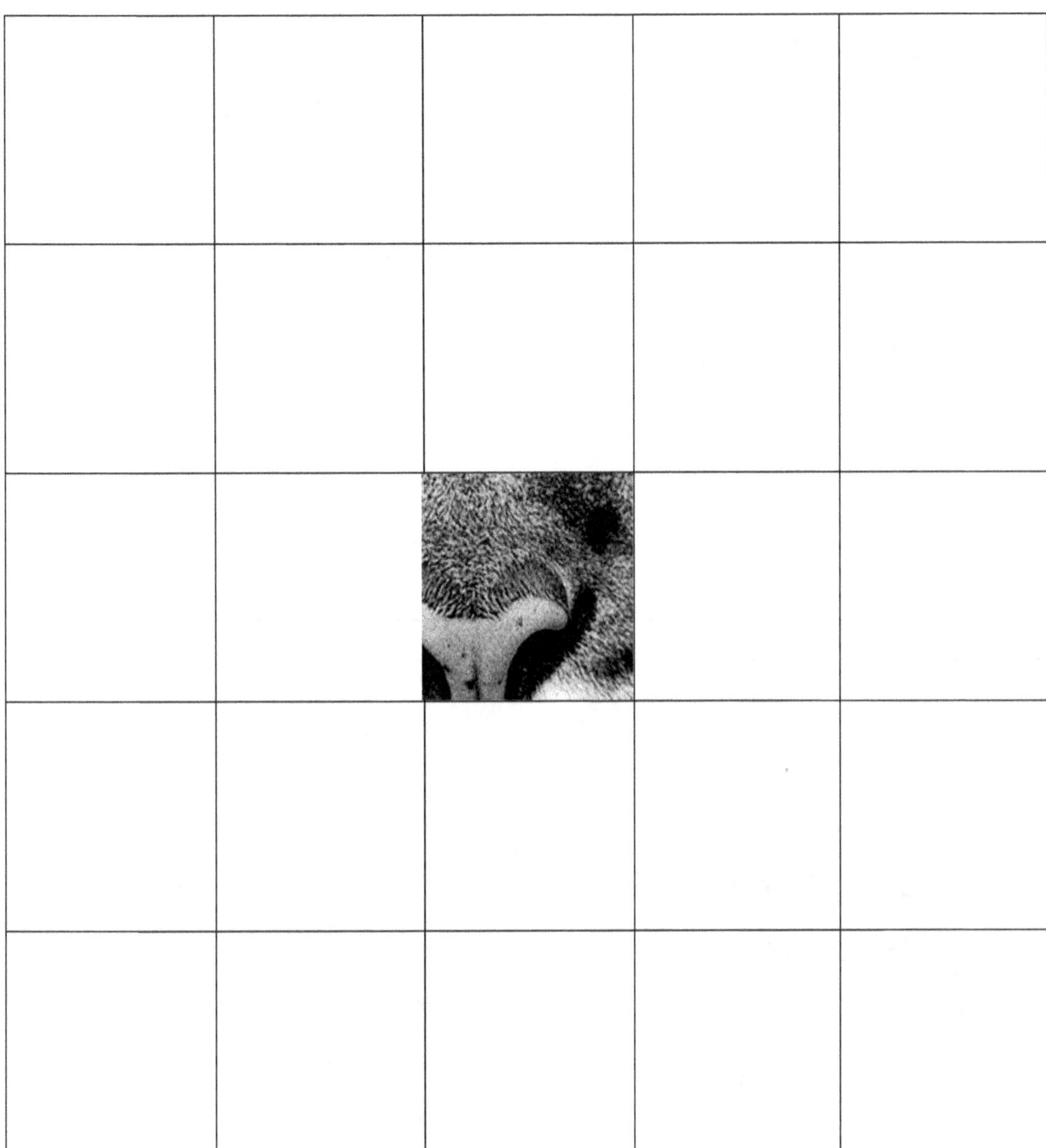

It's a _________________ .

A B C D E F G H I J K L M
N O P Q R S T U V W X Y Z

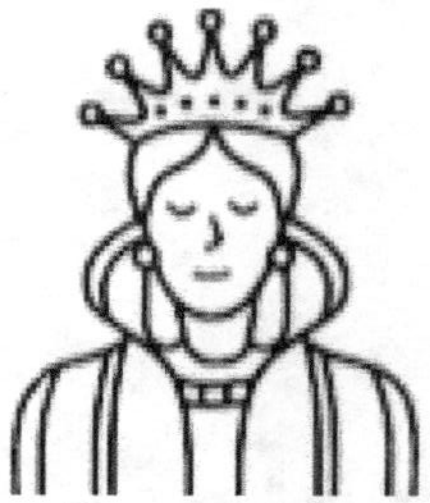

Queen

Q

Q Q Q
Q Q Q
Q Q Q

Circle the big Qs.

N P Q F J R Q G Q O B

A B C D E F G H I J K L M
N O P Q R S T U V W X Y Z

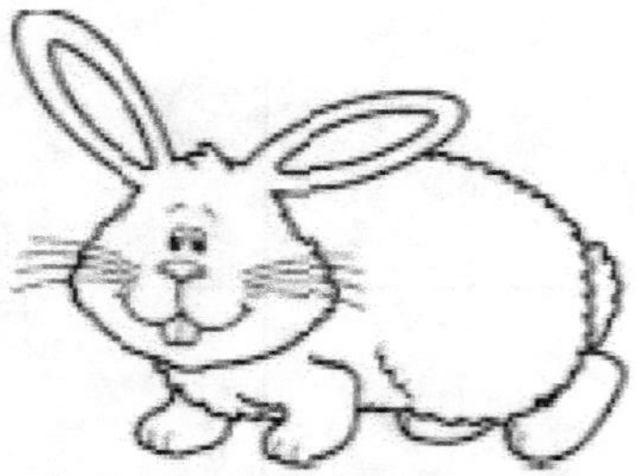

Rabbit

R

R R R
R R R
R R R

Circle the big Rs.

N P R F J R Q G R O B

Math 2

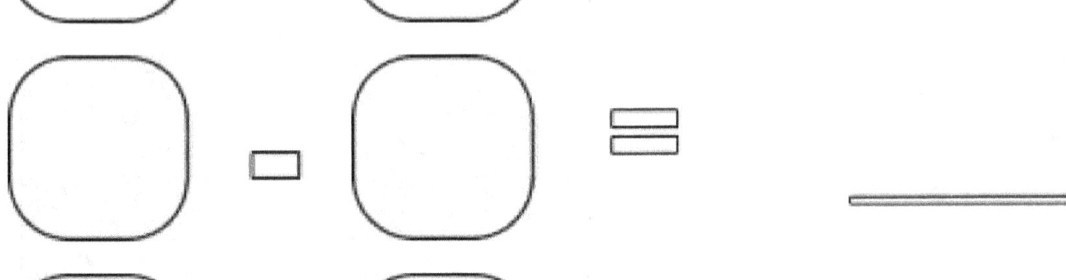

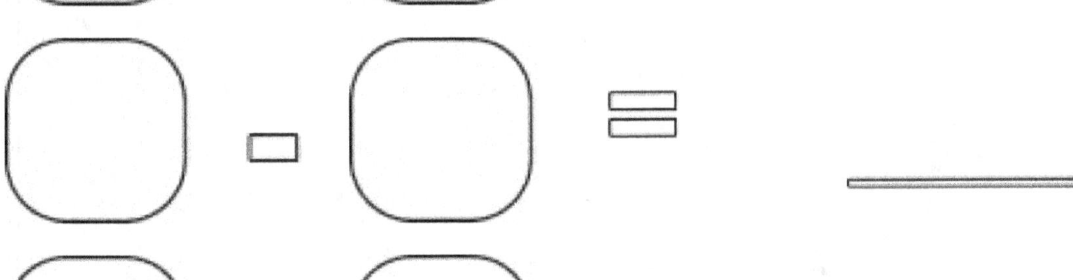

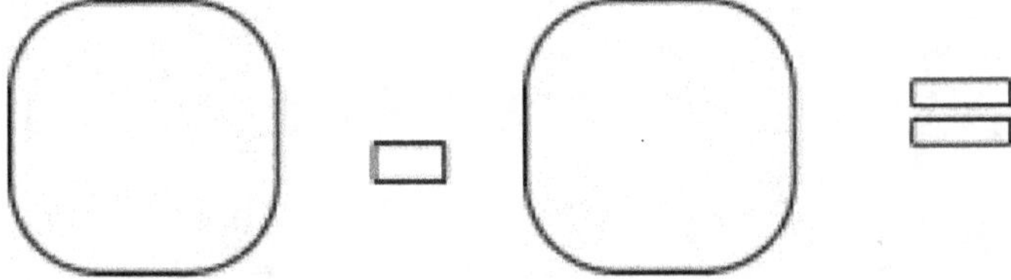

A B C D E F G H I J K L M
N O P Q R S T U V W X Y Z

S

Sun

S S S
S S S
S S S

Circle the big Ss.

U P S F J S Q G S O B

A B C D E F G H I J K L M
N O P Q R S T U V W X Y Z

T

Tiger

T T T
T T T
T T T

Circle the big Ts.

U P T F T S Q G T Y B

Body Parts

Body Parts

A B C D E F G H I J K L M
N O P Q R S T **U** V W X Y Z

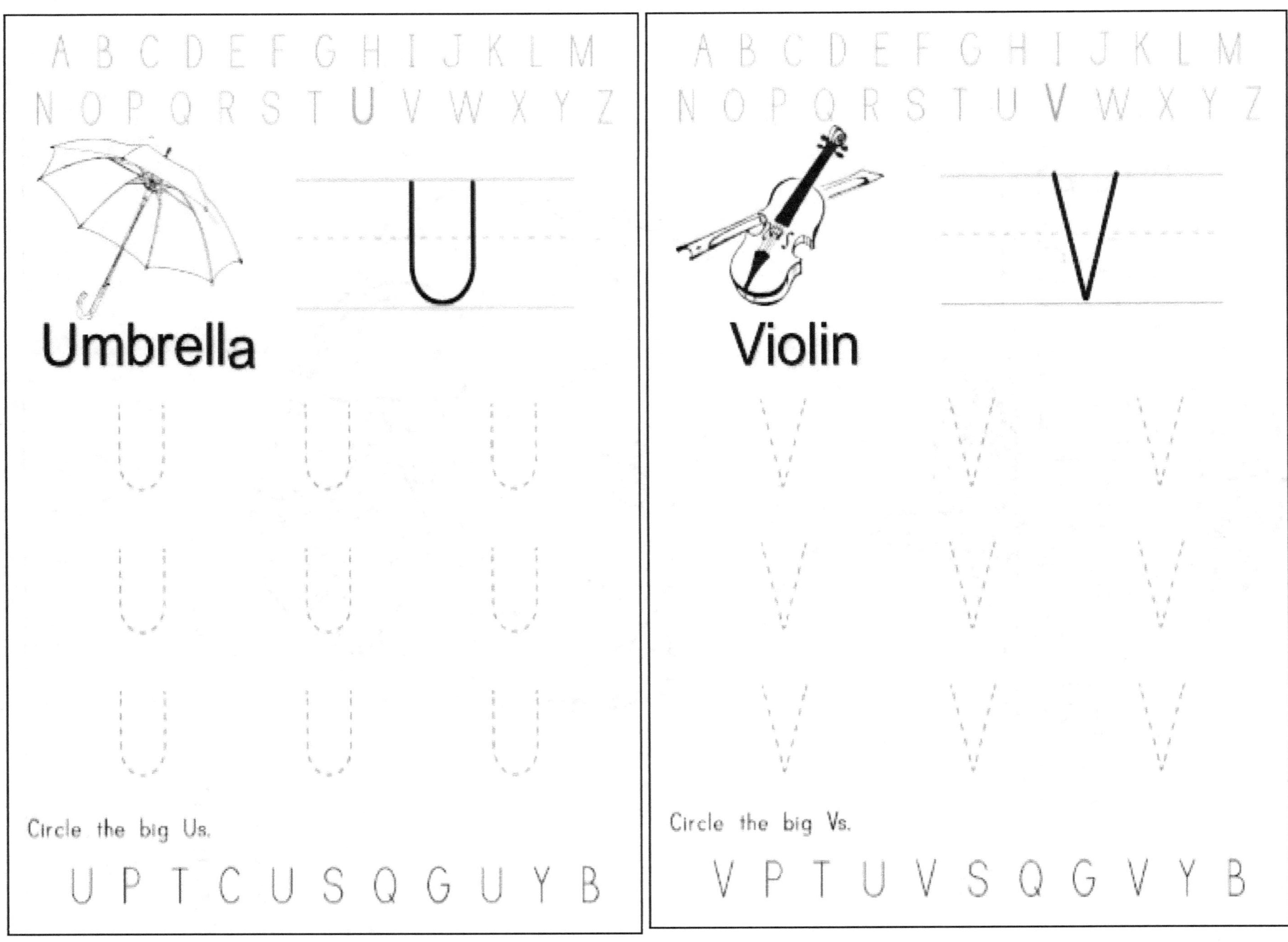

Umbrella

Circle the big Us.

U P T C U S Q G U Y B

A B C D E F G H I J K L M
N O P Q R S T **V** W X Y Z

Violin

Circle the big Vs.

V P T U V S Q G V Y B

Dear Santa,

For Christmas I would like a

BINGO

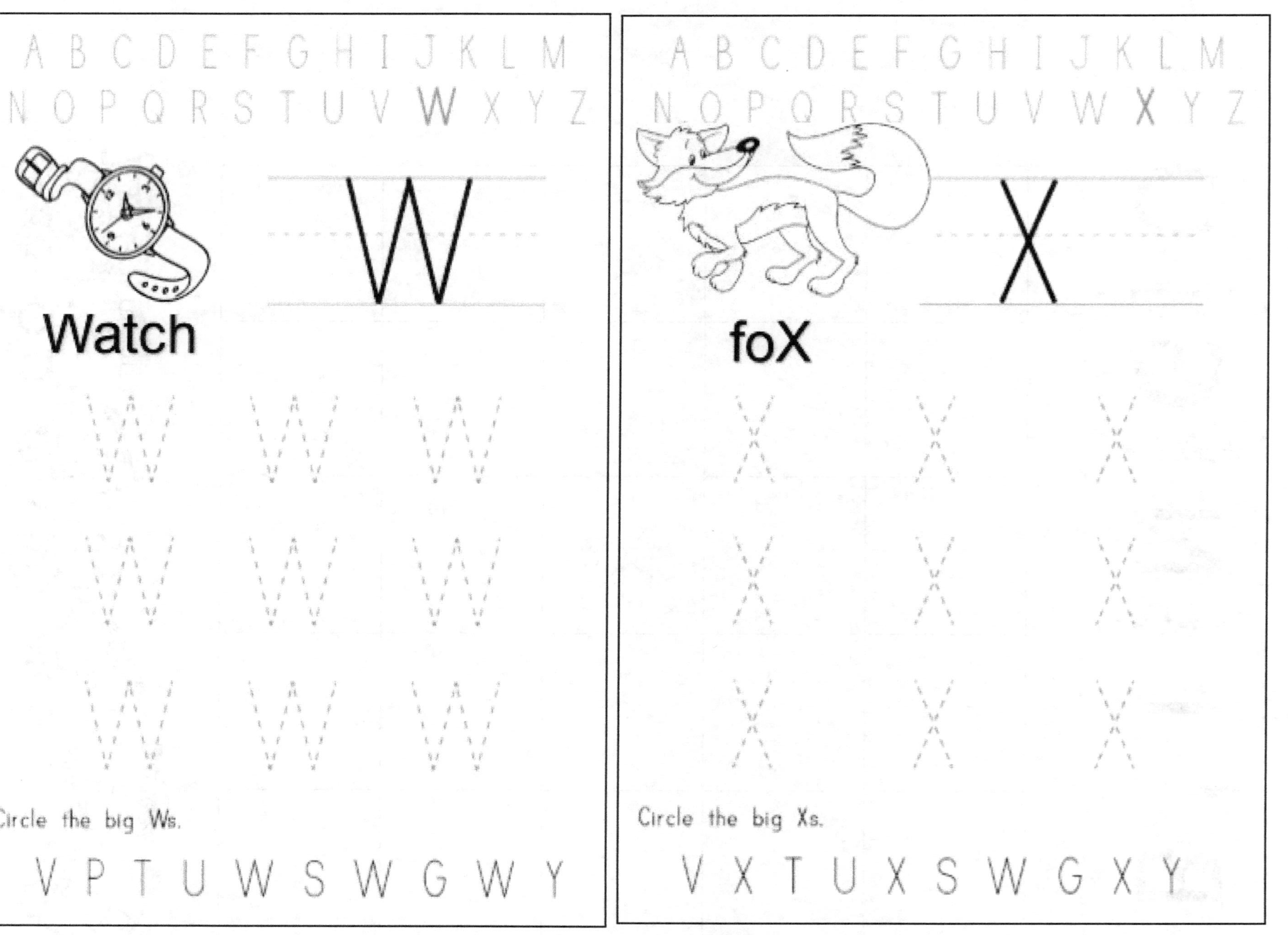
A B C D E F G H I J K L M N O P Q R S T U V W X Y Z
W
Watch
Circle the big Ws.
V P T U W S W G W Y
A B C D E F G H I J K L M N O P Q R S T U V W X Y Z
X
foX
Circle the big Xs.
V X T U X S W G X Y

What's Missing?

A B C D __ F G H I

⑤

J __ L __ __

④ ① ③

__ P Q R S T U V

②

W X __ Z

⑥

A B C D E F G H I J K L M
N O P Q R S T U V W X Y Z

Y

Yarn

Circle the big Ys.

V Y T U Y S W G X Y

A B C D E F G H I J K L M
N O P Q R S T U V W X Y Z

Z

Zebra

Circle the big Zs.

V Z T U Y Z W G X Z

36

What's that?

C

D

I

B

F

Z

J T

H M

T

Practice

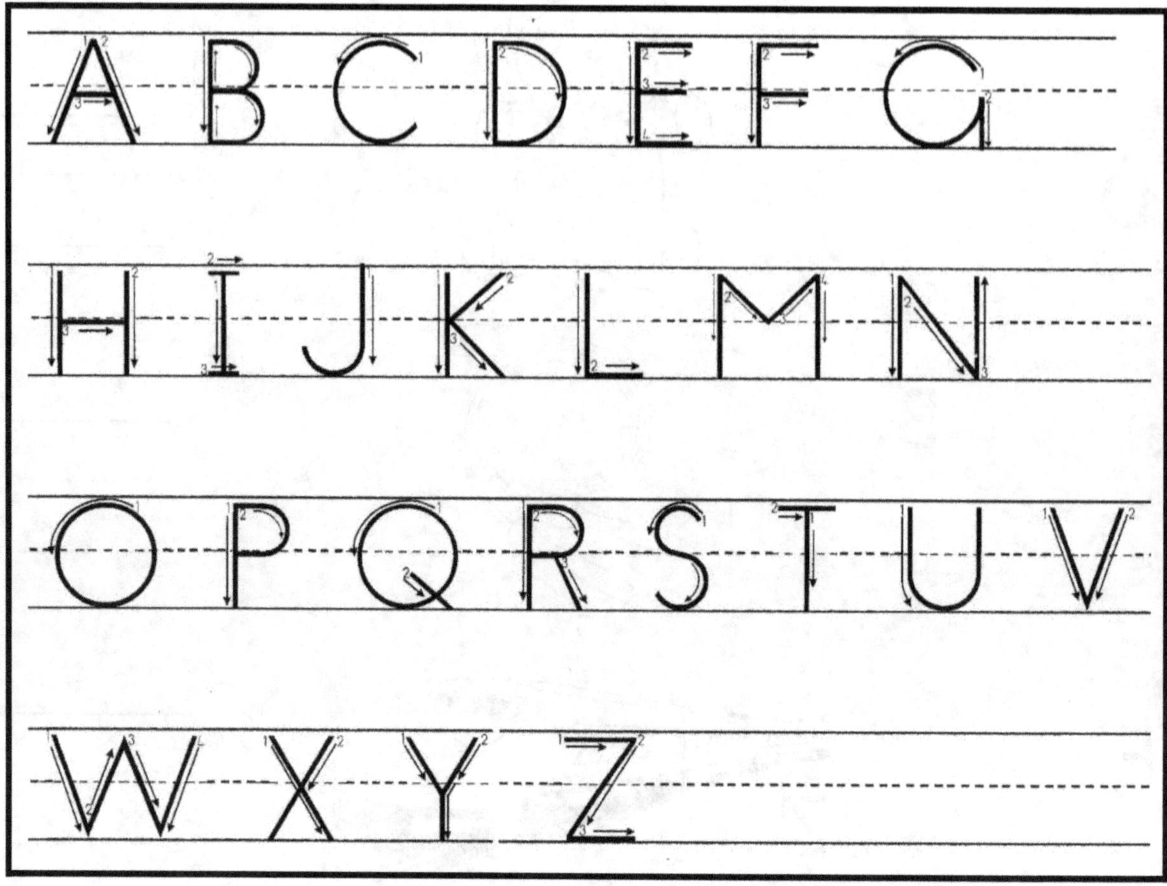

Happy Valentine's Day
I Love you

```
              S C W
          M I L K A E R Q D
        O H N B S B T D P F U M Z
      J V V E G N Y I S N B I C Y C L E
      Y D N J U M P R O P E E C K N X B B M
    J F V N E D L U H Y B S A H S E B R E A D D
    K O Y O Y O L W M Q R D R F R I D A Y S V
  F P A P E R     D P Q A H     F M N H Q R
  I I U D R U     O U T Y U     H C A R J E
I S H B K C M Y E V L D M C L T X A A R W L A H A
R H I R B O J X U R L P A G T U Q H C H I C K E N
E G C O J W W H I T E P B O E E V S G L U E J L L
J D O E W N S T H U R S D A Y D S Q D Y B T A P E F B
T O C C N S J O T Q K S T B E D D Y E L L O W E D Z Q
J E X R E T R I S A T U R D A Y A G C V F W R I Z O Q
K Z E B B L U E M O N D A Y Y J T Z H N P A K
J S A S J Q I P B A L L H X S M D O V Y Y
H P M Q R U R I C E A D O G S Z N N X E Y
T G U I L                       R B H B Q
W C A K E T                   P I Z Z A L
V R D X X C V G F M K P A I N T W Z M M I
C E G B Z O X D A K X C M L B T R A I N L
Z F H L V H X C O W S U N D A Y U I A
P E R A B B I T S U R F Z O W Z N
W L T O B I R D S R W D I
A S C I S S O R S
W R K
```

BALL	ICECREAM
JUMPROPE	PIZZA
YOYO	CAKE
BICYCLE	CHICKEN
TRAIN	MILK
CAR	BREAD
DOLL	FISH
TEDDY	RICE
BEAR	SUNDAY
RED	MONDAY
BLUE	TUESDAY
YELLOW	WEDNESDAY
BROWN	THURSDAY
WHITE	FRIDAY
PAPER	SATURDAY
SCISSORS	
GLUE	
PAINT	
TAPE	
SQUARE	
OVAL	
DOGS	
CATS	
BIRDS	
COWS	
RABBITS	
DUCKS	

Memories

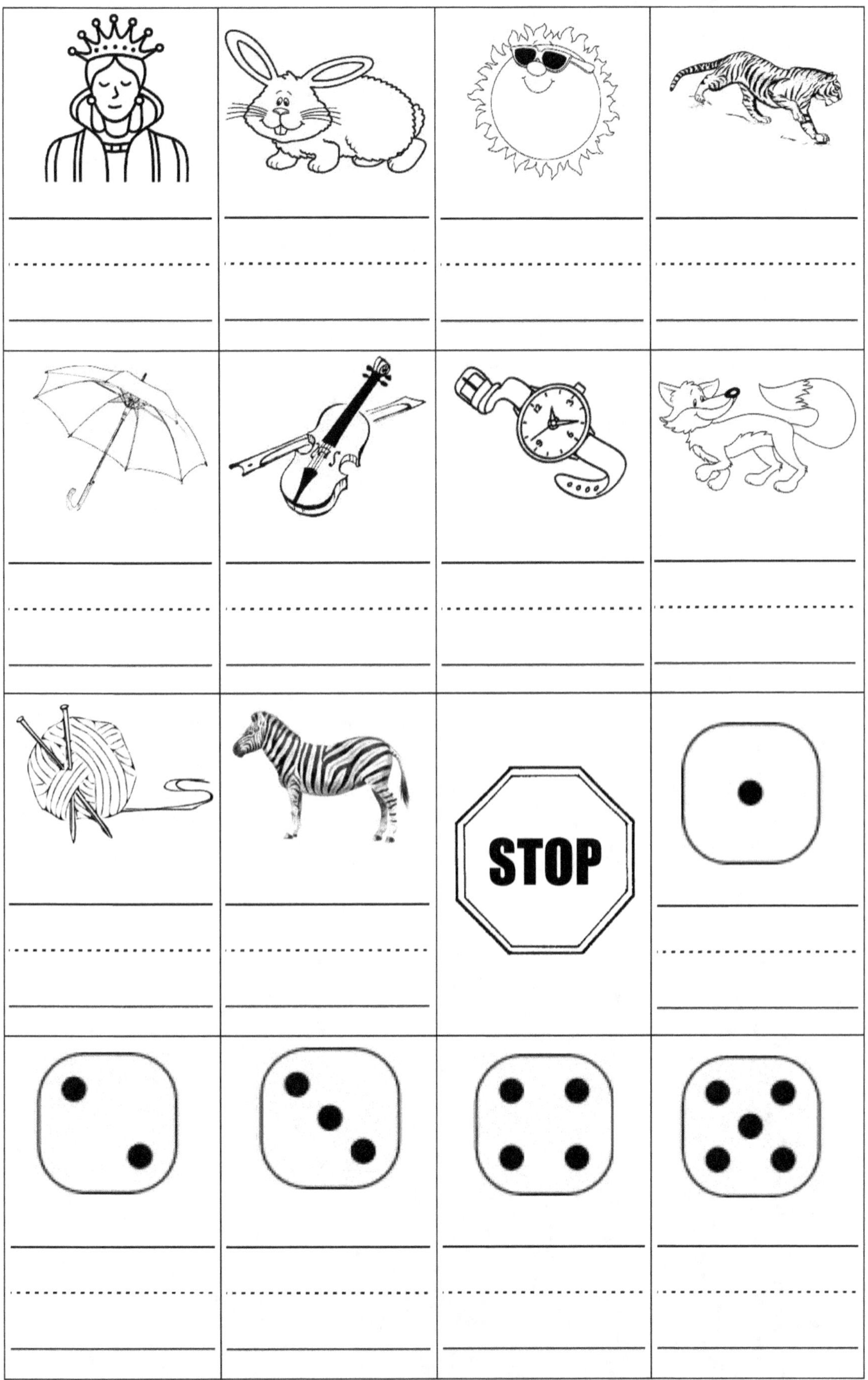

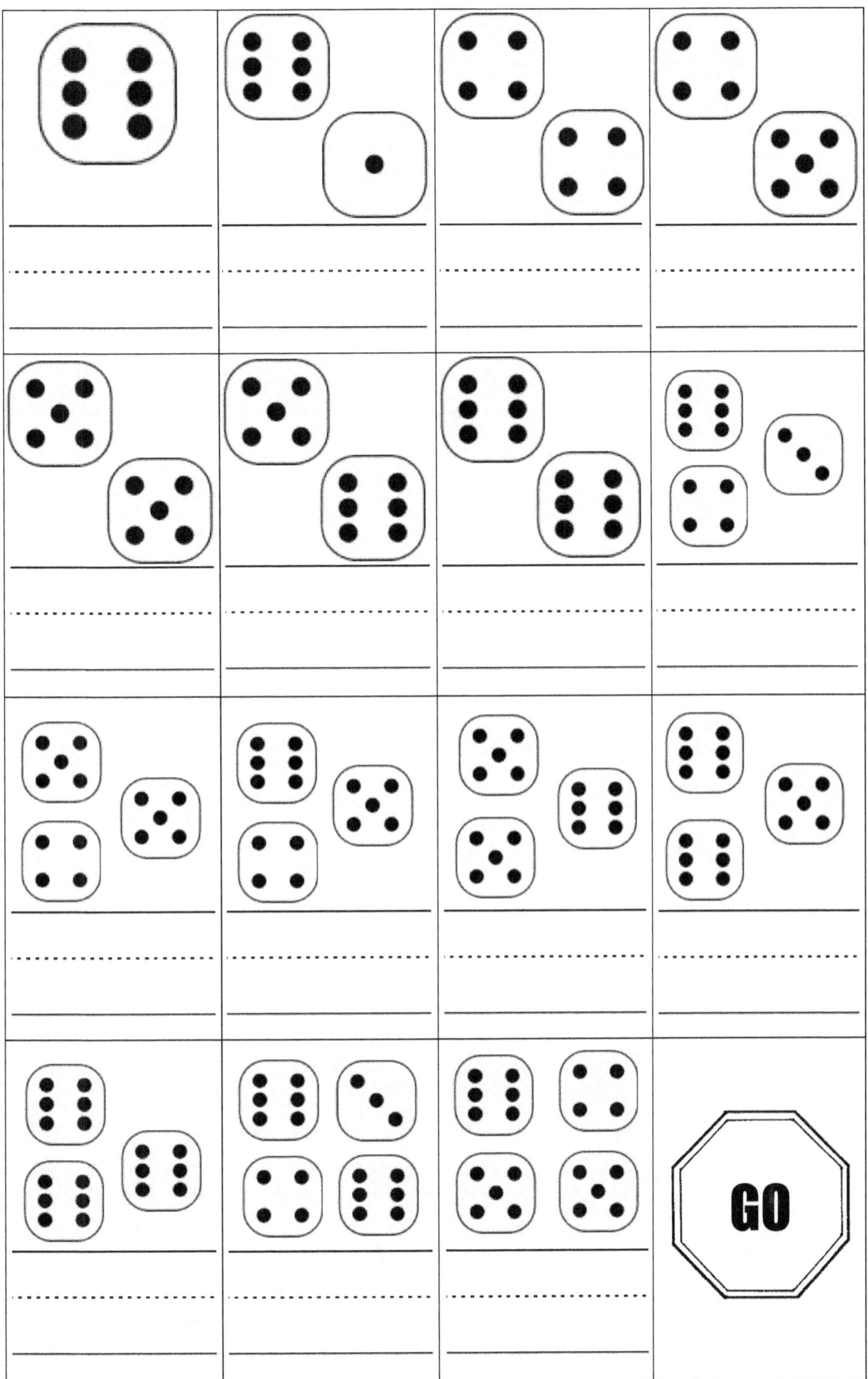

GO

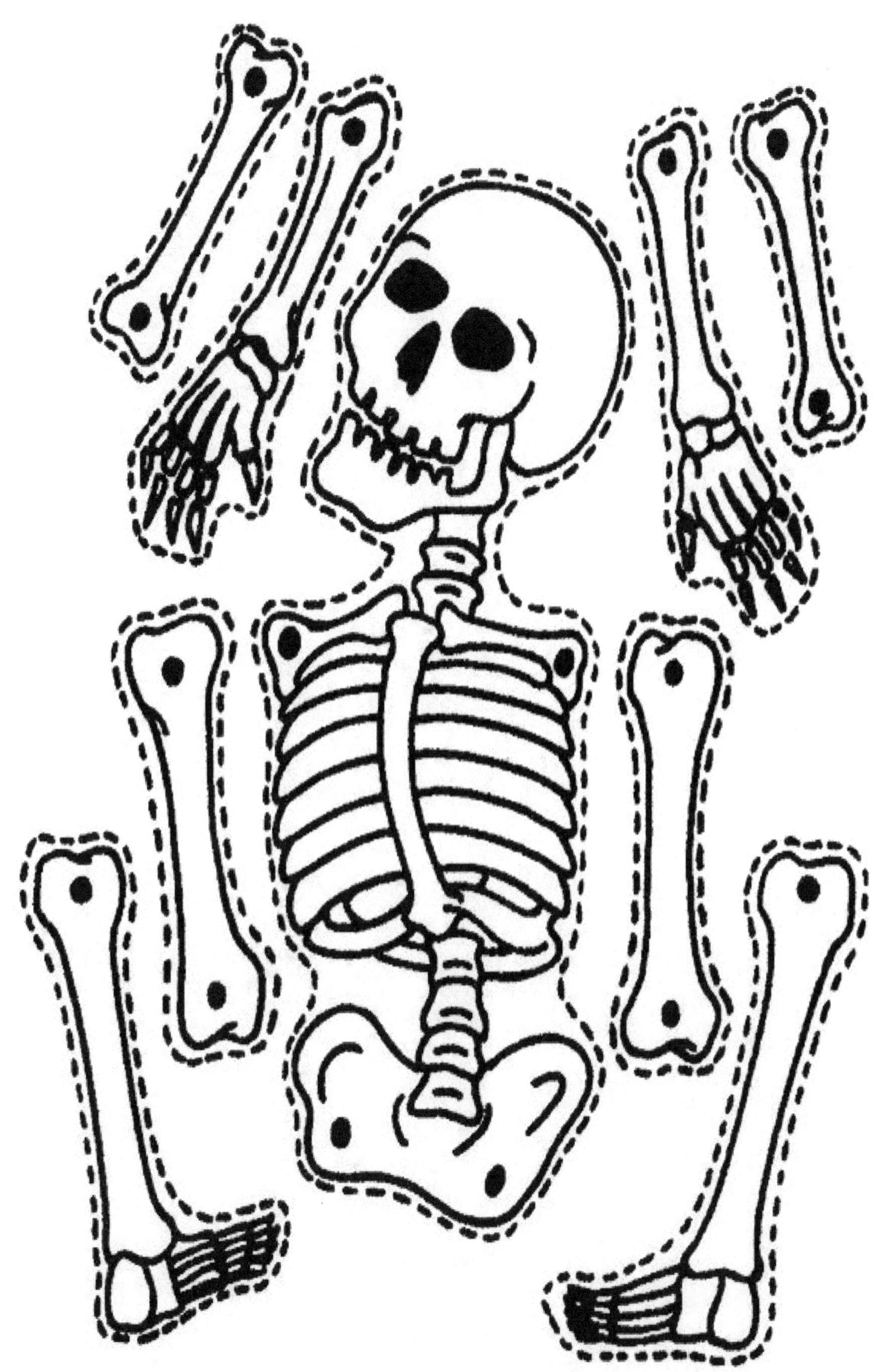

Merry Christmas

Christmas

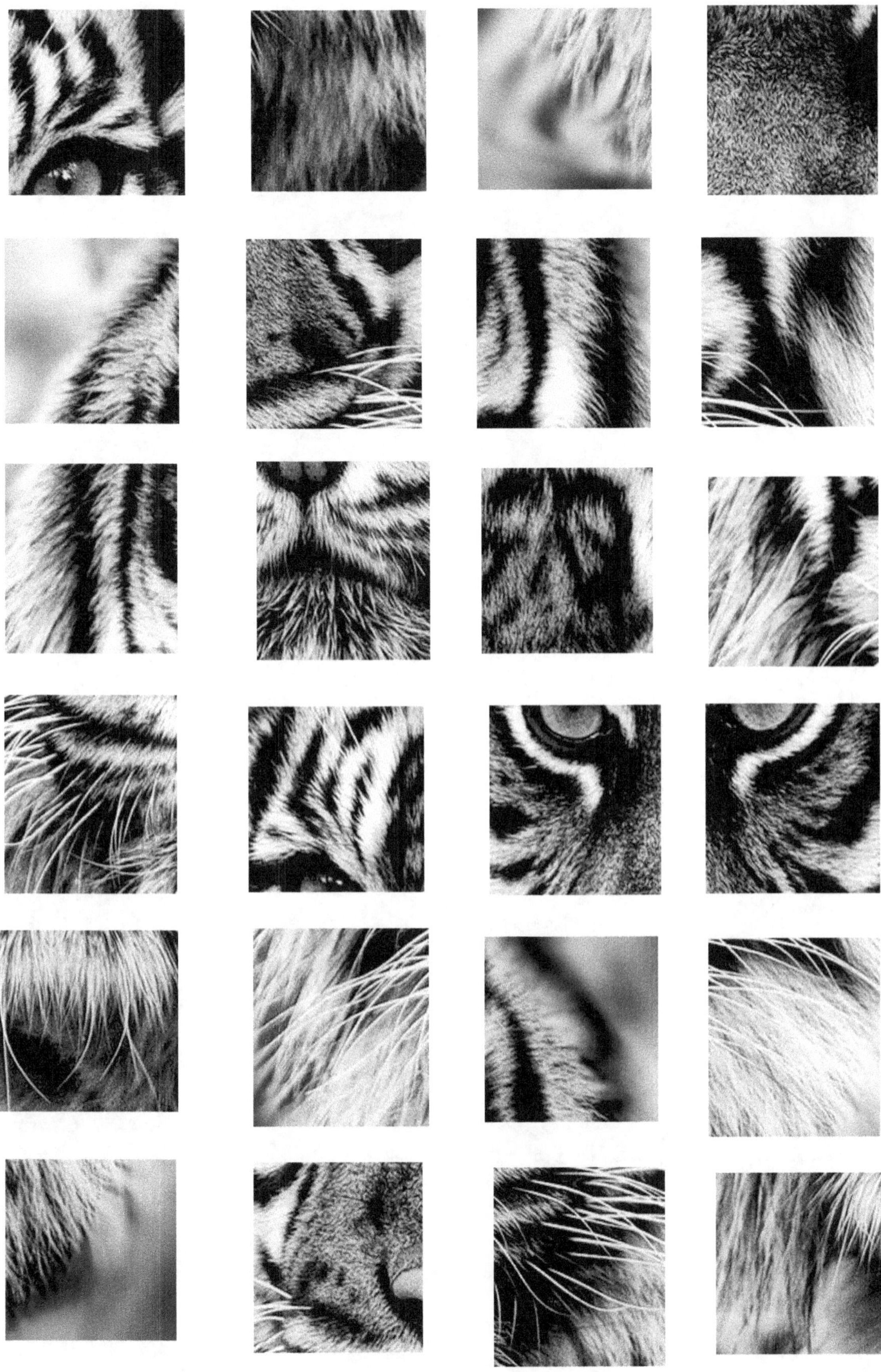

Wednesday

Sunday

Wednesday

Tuesday

Monday

Sunday

Tuesday

Thursday

Monday

Friday

Friday

Saturday

Thursday

Saturday

- -

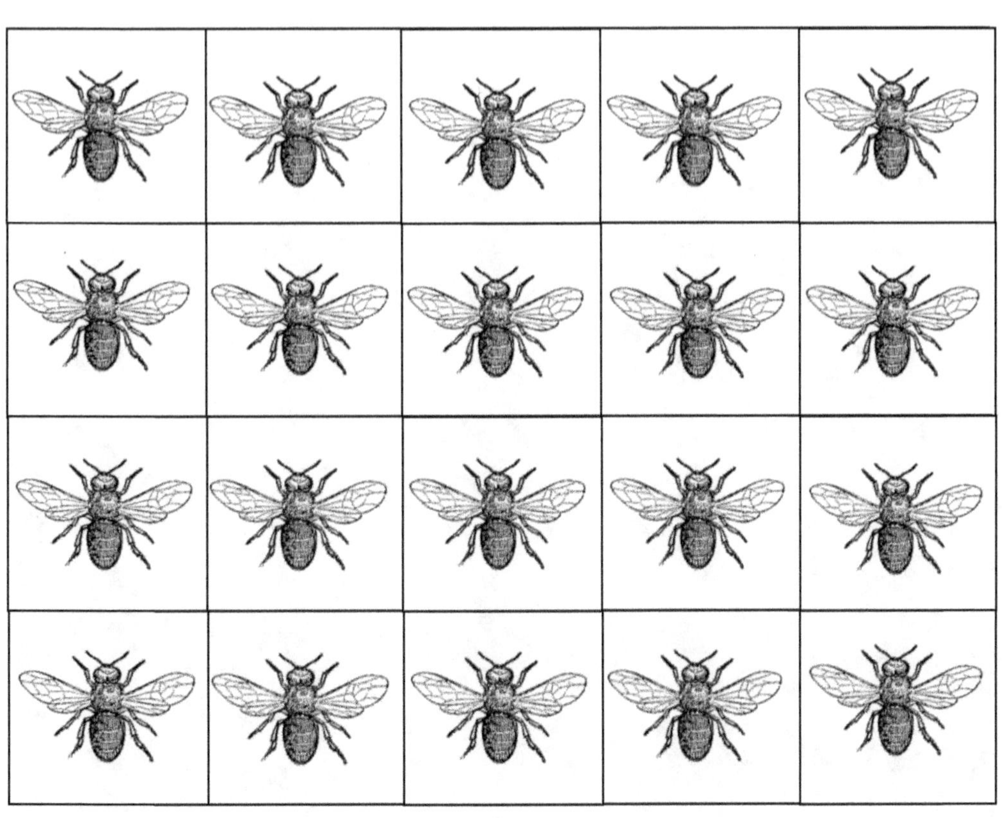

CERTIFICATE OF COMPLETION

This is to certify that

____

Has successfully completed Book2

ACKNOLEDGEMENTS

A big thanks to the many teachers around the globe who's ideas and design have been a source for the materials in this book

To my wife for her support during the many time consuming projects that always seem to appear at the last minute.

To Mr. Yamanishi for the motivation to compile all this material together.

And finally to the students for who this was compiled for.